L. Bennett

JIM DAVIS

MW01707070

TRÉSOR GARFIELD

NUMÉRO SEPT

TRADUIT DE L'AMÉRICAIN PAR
LAURETTE THERRIEN

PRESSES AVENTURE
www.modusaventure.com

Publié par **Presses Aventure**, une division de
Les Publications Modus Vivendi inc.
3859 autoroute des Laurentides
Laval (Qc) H7L 3H7
Canada

Dépot légal: 1er trimestre 2002
Bibliothèque nationale du Québec
Bibliothèque nationale du Canada
Bibliothèque nationale de France

ISBN 2-89543-044-6

www.modusaventure.com

Canada Nous reconnaissons l'aide financière du gouvernement du Canada par l'entremise du Programme d'aide au développement de l'industrie de l'édition (PADIÉ) pour nos activités d'édition.

Gouvernement du Québec — Programme de crédit d'impôt pour l'édition de livres — Gestion SODEC

© 1984 United Feature Syndicate,Inc.
10-7
JIM DAVIS
HÉ, HUBERT, BERTHA! VENEZ VITE!
JOUEZ AU COW-BOY À DOS DE CHEVAL, LES GARS. FAIS LA BELLE, GARFIELD. TIENS-TOI EN ÉQUILIBRE SUR GARFIELD, ODIE
TRISTE
IL DEVRAIT PRENDRE L'AIR PLUS SOUVENT

BURP. OH, LA LA, J'AI MANGÉ TROP DE PIZZA
Z
TRAÎNE
TRAÎNE
TRAÎNE
JIM DAVIS 10·14
© 1984 United Feature Syndicate, Inc.
QUI ÊTES-VOUS, LES MECS?
NOUS SOMMES TON CAUCHEMAR DE PIZZA
JE SUIS LE PEPERONI, ET VOICI LES OIGNONS ET LES ANCHOIS
ET TOI?
JE SUIS LE BEIGNET QUE TU AS MANGÉ IL Y A TROIS SEMAINES

JIM DAVIS
POCOCK!
10-21
© 1984 United Feature Syndicate, Inc.
UN AUTRE TRUC DU GENRE ET JE TORDS LE COU À TON POULET DE CAOUTCHOUC!
JE SUIS DÉSOLÉ DE M'ÊTRE EMPORTÉ, GARFIELD. TU ME PARDONNES?
JE TE PARDONNE
SMACK!
MAIS MON POULET NON!
WHAP!

POU!
JIM DAVIS 10·28
STOP
KONK!
© 1984 United Feature Syndicate, Inc.
PLUS VOUS TRAVAILLEZ POUR OBTENIR UNE CHOSE, PLUS VOUS L'APPRÉCIEZ

MINUIT, UN COIN DE RUE MAL ÉCLAIRÉ, ÇA ME MET D'HUMEUR POUR UN PETIT BARATIN
HÉ, BEAUTÉ, ÇA VA?
QUI ÊTES-VOUS?
© 1984 United Feature Syndicate, Inc.
QU'IMPORTE. CERTAINS M'APPELLENT LE SOLDAT DE FORTUNE, D'AUTRES L'HOMME DE LA RENAISSANCE. TU PEUX M'APPELER «MAJOR»
J'AIME LES HOMMES EN UNIFORME
ET SI ON ALLAIT BOIRE UN SODA AU CAFÉ AMÉRICAIN?
JE TE SUIS, BEAU GARS
PERMETS QUE JE ME RAPPROCHE, CHÉRIE
11-4
JIM DAVIS
ZUT, JE LUI AI CARESSÉ LE MENTON UN PEU FORT

GARFIELD
OUA HA HA HA!
COMICS
QUEL MAGNIFIQUE DIMANCHE! RIEN NE PEUT ME GÂCHER CETTE JOURNÉE
SCRATCH
SCRATCH
JIM DAVIS
OH NON!
11-11
LUNDI S'EN VIENT!
© 1984 United Feature Syndicate,Inc.

J'AI ENVIE DE VOUS DIRE À QUEL POINT LES CHATS SONT MERVEILLEUX
CRASH!
CONTRAIREMENT AUX CHIENS, ILS RETOMBENT TOUJOURS SUR LEURS PATTES
BONK!
JIM DAVIS
ILS SONT PLUS CALMES QUE LES CHIENS
ROAR!
© 1984 United Feature Syndicate,Inc.
11-18
TOUS LEURS MOUVEMENTS SONT EMPREINTS DE GRÂCE ET DE BEAUTÉ NATURELLE
WHUMP!
ET EN MATIÈRE DE COORDINATION, ILS DÉPASSENT LARGEMENT LES CHIENS
WHAP!
WOUF! WOUF!

GROGNE!
TIC TAC
TIC TAC
© 1984 United Feature Syndicate, Inc.
ZUT! IL EST QUATRE HEURES DU MATIN ET JE SUIS COMPLÈTEMENT RÉVEILLÉ
JIM DAVIS
11-25
HEUREUSEMENT, JE SAIS QUOI FAIRE
CLIC
ARRRRRRRGH!
SI J'PEUX PAS DORMIR, LES AUTRES NON PLUS

BATAILLE D'OREILLERS!
WHAP!
RESTE ICI, JE REVIENS TOUT DE SUITE
JIM DAVIS 12-2
AYIIIIIII!
WHONGO!
© 1984 United Feature Syndicate, Inc.
QU'AS-TU MIS DANS CET OREILLER?
JE CONNAIS UN POULET DE DEUX MÈTRES

♪
ZUT! UNE RUELLE REMPLIE DE GROS MÉCHANTS PRÊTS À ME BATTRE!
ILS NE ME FERONT PEUT-ÊTRE PAS MAL SI J'AI MOI AUSSI L'AIR MÉCHANT
HÉ! ÇA MARCHE!
UN JOUR, J'APPRENDRAI EXACTEMENT OÙ SE SITUE LA LIMITE, ET JE NE LA DÉPASSERAI PLUS JAMAIS!
© 1984 United Feature Syndicate, Inc.
12-9
JIM DAVIS

Pâtisserie
Pâtisserie
INTERDIT AUX CHATS!
Pâtisserie
Pâtiss
TAP TAP TAP
© 1984 United Feature Syndicate, Inc.
JIM DAVIS
Pâtisserie
12-16
JE SUIS HUMAIN DEPUIS DIX MINUTES, MAIS JE N'AI PAS OUBLIÉ MES RACINES

NOËL VA ÊTRE TRISTE SANS GARFIELD
GRATTE
GRATTE
GRATTE
JIM DAVIS 12-23
© 1984 United Feature Syndicate, Inc.
PAF!
GARFIELD! PARLE-MOI! EST-CE QUE ÇA VA?
EN FAIT, OUI. MAIS J'AI PENSÉ QUE CE SERAIT PLUS SPECTACULAIRE AINSI

© 1984 United Feature Syndicate, Inc.
CETTE ANNÉE, JE PRENDS LA RÉSOLUTION DE PERDRE DU POIDS, DE FAIRE PLUS D'EXERCICE ET DE DORMIR MOINS
ET QUE FERAS-TU UNE FOIS QUE TU AURAS ACCOMPLI TOUT ÇA?
JE SUPPOSE QUE TU SERAS GENTIL AVEC ODIE, À GENOUX DEVANT JON, ET QUE TU LÉCHERAS LES BOTTES DU FACTEUR
JE NE T'AIME DÉJÀ PAS
JIM DAVIS
UNE FOIS ENCORE, J'AI SURVÉCU AU NOUVEL AN EN GARDANT MES VICES INTACTS
12-30

JE M'ENNUIE, M'ENNUIE, M'ENNUIE
1-6-85
JIM DAVIS
ATTENDEZ UN PEU! JE CONTRÔLE MA DESTINÉE! JE VAIS CRÉER UN CLUB DE VACANCES PRIVÉ ET EXCLUSIF
© 1984 United Feature Syndicate, Inc.
D'ABORD, JE METS UN PEU DE SABLE À LITIÈRE EN PLEIN SOLEIL
QUE J'Y INSTALLE UNE PANOPLIE D'OBJETS DE PLAGE
HÉ, QUELLE IDÉE EXTRA-ORDINAIRE!
JE ME DEMANDE COMMENT IL A OBTENU SA CARTE DE MEMBRE

QU'EST-CE ...
SCRIIICK
POOF!
ELLE A REPOUSSÉ!
J'AI DÉCOUVERT LE PLAT À LASAGNE SANS FOND
© 1985 United Feature Syndicate, Inc.
BLIP
JIM DAVIS
JE LE SAVAIS! JE LE SAVAIS! JE LE SAVAIS! C'ÉTAIT TROP BEAU POUR ÊTRE VRAI!
1-13

TAPPITY TAPPITY TAPPITY
TAPPITY TAPPITY TAPPITY TAPPITY TAPPITY TAPPITY
© 1985 United Feature Syndicate, Inc
BONK!
PANT PANT
PLUNK
JIM DAVIS
1·20
CLAP CLAP CLAP
MERCI! MERCI! MERCI!

ATTRAPE LA POMME, ODIE
JE DIS À ODIE D'ATTRAPER LA POMME, ET IL REVIENT AVEC UNE TARTE AUX POMMES. JE CROIS QUE JE SUIS SUR UNE PISTE...
ATTRAPE LE STEAK, MON GARS
© 1985 United Feature Syndicate, Inc.
JIM DAVIS 1-27

IL NEIGE! ALLONS DEHORS POUR ATTRAPER LES FLOCONS AVEC LA LANGUE
VOICI VENIR UN RECORD MONDIAL!
© 1985 United Feature Syndicate, Inc.
JIM DAVIS 2·3
OOH, CETTE COLLECTION EST TRÈS IMPRESSIONNANTE
SURPRISE, LES GARS! JE VOUS AI PRÉPARÉ UN FESTIN!
NON MERCI. ON A DÉJÀ MANGÉ
BURP

BONJOUR, GARFIELD
SALUT
© 1985 United Feature Syndicate, Inc.
JIM DAVIS
QU'EST-CE...
TU ES PARTOUT À LA FOIS! COMMENT FAIS-TU?
C'EST DE LA MAGIE
INCROYABLE!
MERCI LES MECS
2-10

JE N'AI PLUS DE NOURRITURE TENDRE. JE SUIS SÛR QUE TU SAIS QUOI FAIRE AVEC CES BOUCHÉES SÈCHES
GARFIELD
JIM DAVIS
2-17
BIEN SÛR QUE JE LE SAIS
GARFIELD
© 1985 United Feature Syndicate, Inc.
GARFIELD
WOUAAAH!
TU APPRÉCIES TES BOUCHÉES POUR CHAT, GARFIELD?
TU NOUS EN SERVIRAS PLUS SOUVENT
GARFIELD

HUMMM
CLICK CLICK
OKAY, À TOI
© 1985 United Feature Syndicate, Inc.
JIM DAVIS 2-24
GARFIELD!
COMBIEN DE FOIS T'AI-JE DIT DE NE PAS JOUER AVEC TA NOURRITURE?

GARFIELD! TU ES ASSIS SUR MES ŒUFS BROUILLÉS!
ILS SONT CHAUDS
OKAY, OKAY, TIENS MANGE...
© 1985 United Feature Syndicate,Inc.
NON, TU PEUX RESTER ASSIS DESSUS. ILS SONT GATÉS À PRÉSENT
GATÉS?!
RIEN QUE PARCE QUE JE ME SUIS ASSIS DESSUS, CE N'EST PAS COMME S'ILS ÉTAIENT POURRIS, TU SAIS!
UNNNGH!
MANGE! MANGE!
HUBERT! LE CHAT NOURRIT JON!
FAIS TES VALISES, BERTHA. CETTE FOIS-CI NOUS DÉMÉNAGEONS POUR DE BON!
JIM DAVIS 3·3

GARFIELD, SAIS-TU QUE TU ES UN BON À RIEN?
TU NE FAIS RIEN DE TA VIE... TU LE SAIS?
TOC TOC
© 1985 United Feature Syndicate, Inc.
TU DEVRAIS APPRENDRE UN TRUC NOUVEAU CHAQUE JOUR. CELA DONNERAIT UN SENS À TON EXISTENCE ENNUYEUSE
JE VAIS AU MARCHÉ. À MON RETOUR, JE VEUX QUE TU AIES APPRIS QUELQUE CHOSE
JIM DAVIS
3-10
JE SUIS DE RETOUR, GARFIELD. AS-TU APPRIS QUELQUE CHOSE?
J'AI APPRIS À ME SERVIR DE TA CARTE DE CRÉDIT
VCR

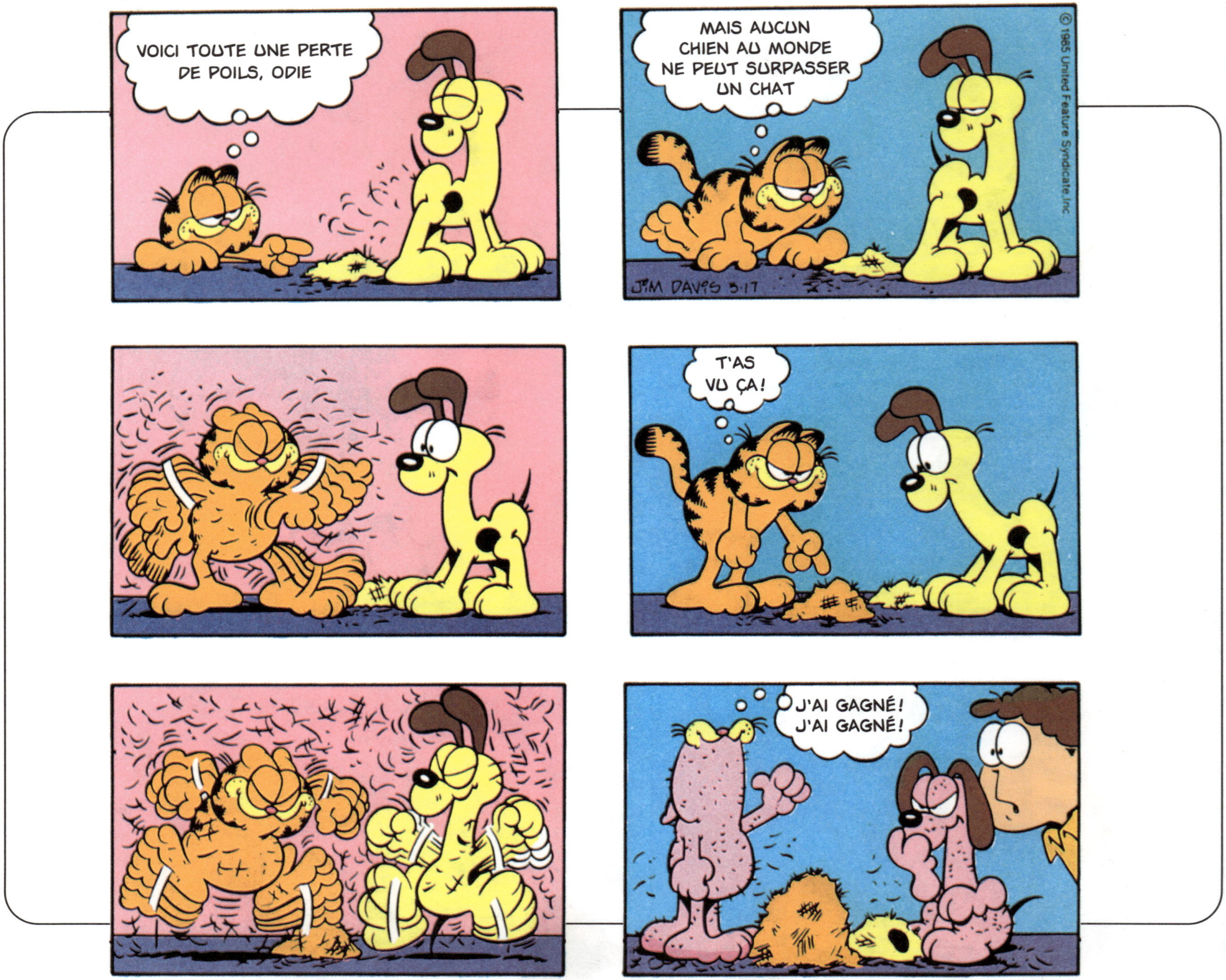
VOICI TOUTE UNE PERTE DE POILS, ODIE
MAIS AUCUN CHIEN AU MONDE NE PEUT SURPASSER UN CHAT
© 1985 United Feature Syndicate, Inc.
JIM DAVIS 3-17
T'AS VU ÇA!
J'AI GAGNÉ! J'AI GAGNÉ!

SOURIEZ, LES GARS. JE VOUS PRENDS EN PHOTO
RECULEZ UN PEU PLUS
ENCORE UN PEU
© 1985 United Feature Syndicate, Inc.
JIM DAVIS 3-24
OH-OH
ON DIRAIT QUE VOUS AVEZ UNE CAMÉRA PLANTÉE DANS LE NEZ
DÈ DE GUE D'ESSÈ BE BOUS BIRE!

TIENS, GARFIELD, MANGE
CLOMP!
REGARDE-TOI! TU FAIS PEUR!
JE ME LÈVE TÔT POUR ME FAIRE BEAU, EN VUE DE CETTE JOURNÉE SPÉCIALE AVEC TOI!
ET TOI, TOUT TE CONTENTES DE ME TENIR POUR ACQUIS
© 1985 United Feature Syndicate, Inc.
JIM DAVIS 3-31
ESSAIES-TU DE ME DIRE QUELQUE CHOSE, GARFIELD?
JE TE MONTRE CE QUI ARRIVE QUAND IL N'Y A PLUS DE MAGIE DANS UN COUPLE

VITE, GARFIELD! PENDANT LA PUB, ALLONS CHERCHER DU MAÏS ÉCLATÉ!
© 1985 United Feature Syndicate, Inc.
JE M'OCCUPE DU BEURRE, DES BOLS ET DES SERVIETTES DE PAPIER, ET TOI DU MAÏS ÉCLATÉ!
J'AI CE QU'IL FAUT. TU T'ES OCCUPÉ DU MAÏS ÉCLATÉ?
YOP!
SLAM
DE RETOUR
ON A RÉUSSI!
S
JIM DAVIS 4-7
OÙ EST LE MAÏS ÉCLATÉ?
(BURP) JE M'EN SUIS OCCUPÉ

Z
OLÉ !
CLICKETY
CLICKETY
CLICKETY
CLICKETY
CLICKETY
CLACK
CLACK
JE SUIS RÉVEILLÉ ÉÉÉÉÉÉ!
CLACK
CLICKETY
CLACK
© 1985 United Feature Syndicate, Inc.
TU N'AS JAMAIS DANSÉ LE FLAMENCO POUR ME RÉVEILLER
JIM DAVIS 4-14
CHARMANT, LES CASTAGNETTES
POUR TON PLAISIR

SLAM!
BON! JON EST PARTI! MAINTENANT JE PEUX FAIRE TOUTES LES CHOSES AMUSANTES QU'IL M'INTERDIT!
JE PEUX COURIR DANS LA MAISON
JE PEUX MANGER LES FOUGÈRES ET LES AVALER TOUT ROND
JE PEUX SAUTER SUR LE LIT
GARFIELD, JE SUIS LÀ !
DIEU MERCI TU ES LÀ! JE ME SUIS PRESQUE TUÉ À JOUER!
© 1985 United Feature Syndicate, Inc
JIM DAVIS 4-21

C'EST LE TEMPS DE ME GAVER
GARFIELD
LE TEMPS DE BOTTER LE CHIEN
PUNT!
© 1985 United Feature Syndicate, Inc.
LE TEMPS D'UNE SIESTE DEVANT LA TÉLÉ
LE TEMPS DE MANGER MA FOUGÈRE DE L'APRÈS-MIDI
4-28
LE TEMPS POUR UN SOMMEIL RÉPARATEUR DE 14 HEURES
JE SUIS UNE CRÉATURE D'HABITUDES... RIEN QUE LES MAUVAISES

OUASH!
JE SUIS CONTENT DE NE PAS ÊTRE UN OISEAU
TOUT CE QU'ILS FONT, C'EST MANGER DES VERS ET SE TENIR DANS LA VASQUE
ILS NE S'AMUSENT JAMAIS
5-5
JIM DAVIS
© 1985 United Feature Syndicate, Inc.

© 1985 United Feature Syndicate, Inc.
MUNCH! SMACK!
GOBBLE! SLURP!
GULP! CRUNCH! GOBBLE!
CHOMP! SLURP!
UUUNGH!
JIM DAVIS 5-12
HA HAAA!
JE SUIS SI FIER DE JON. TOUT CE QU'IL SAIT DE LA GLOUTONNERIE, JE LE LUI AI ENSEIGNÉ
RRRR

JE RANGE MON TIROIR À CHAUSSETTES AUJOURD'HUI
UN JOUR À MARQUER D'UNE PIERRE BLANCHE!
JE PLACERAI LES NOIRES D'UN CÔTÉ ET LES BLANCHES DE L'AUTRE
DÉCISIONS! DÉCISIONS! DÉCISIONS!
ET SAIS-TU CE QUE JE FERAI ENSUITE?
OH NON! ÉPARGNE-MOI! ÉPARGNE-MOI!
J'AJUSTERAI LES MONTURES DE MES LUNETTES DE LECTURE
ARRRGH!
JIM DAVIS 5-19
© 1985 United Feature Syndicate, Inc.
QUAND DONC PRENDRA FIN CETTE FOLLE EXISTENCE?
OU PEUT-ÊTRE DONNERAI-JE UN BAIN À UN GROS MALIN DE CHAT
JE PLIE, TU RANGES

V'LÀ POUR VOUS, JON
MERCI, IRMA
© 1985 United Feature Syndicate, Inc.
EUH, IRMA
VOUS OCCUPEZ PAS DE MOI, JON
JE CROIS QUE J'AI PERDU UN FAUX CIL QUE'QUE PART PAR ICI
JIM DAVIS
5-26
COCASSE, NON ?

TOUS LES CHATS SONT CURIEUX DE NATURE. JE ME DEMANDE OÙ VA L'EAU DE PLUIE
© 1985 United Feature Syndicate, Inc.
WHOA!
RESPIRE!
JIM DAVIS 6-2
C'EST DONC LÀ QUE VA L'EAU DE PLUIE, INTERESSANT!
C'EST DONC LÀ QUE VA L'EAU DE VAISSELLE!
C'EST DONC LÀ QUE VA L'EAU DU BAIN!
FASCI-NANT
JE NE BOIRAI PLUS JAMAIS L'EAU DES CABINETS

REGARDEZ LES CHAUSSETTES DE JON. TOUTES PARFAITEMENT PLIÉES ET RANGÉES
OKAY, CHAUSSETTES, EN RANGS POUR LE COMPTE!
6-9
EN AVANT! UNE! DEUX! TROIS! QUATRE!
© 1985 United Feature Syndicate, Inc.
NE T'APPROCHE PAS DE MON TIROIR À CHAUSSETTES, GARFIELD. TU ME RENDS NERVEUX
JIM DAVIS
ROMPEZ!

QUEL POT! QUELQU'UN A ÉTÉ ASSEZ GENTIL POUR CREUSER CE TROU POUR MOI
© 1985 United Feature Syndicate, Inc.
JE VAIS LE COUVRIR DE BRANCHES ET JOUER UN PETIT TOUR À ODIE
HÉ, ODIE, ATTRAPE CET OS
BOING!
QUELQUE CHOSE CLOCHE ICI
OH NON! C'EST LA VIEILLE BLAGUE DU TROU DE CAOUTCHOUC
JIM DAVIS 6-16

BIENVENUE DANS LE «MERVEILLEUX MONDE DU SOMMEIL». NOUS ALLONS ÉTUDIER DE FASCINANTES POSITIONS POUR DORMIR
Z
JON A ADOPTÉ LA POSITION FŒTALE CLASSIQUE
ODIE, CELLE DE LA GARNITURE SUR LE BRAS DU FAUTEUIL
Z
QUAND TU DORS AUTANT QUE MOI, TU CHERCHES DIFFÉRENTES ATTITUDES DE REPOS
JIM DAVIS
6·23
POUR VOTRE ÉDIFICATION, JE VAIS TENTER LA PLUS BIZARRE POSITION POUR DORMIR DU MONDE!
© 1985 United Feature Syndicate, Inc.
Z
OOOO

HIER SOIR, J'RÉPARAIS MON CARBURATEUR, QUAND MON POTE M'A APPRIS LA MORT DE MA SŒUR
J'VAIS LA PLEURER, J'VAIS LA PLEURER
J'VAIS LA PLEURER, J'VAIS LA PLEURER, J'VAIS LA PLEURER
© 1985 United Feature Syndicate, Inc.
J'VAIS LA PLEURER, J'VAIS LA PLEURER, J'VAIS LA PLEURER
J'VAIS LA P ...
KA-CHUNK
6·30
LONGTEMPS-EMPS-EMPS
JIM DAVIS

GARFIELD, JE T'EMMÈNE DÎNER. IL FAUT QUE TU PORTES ÇA POUR ENTRER AU RESTAURANT
© 1985 United Feature Syndicate,Inc
POUR MOI, UN STEAK, ET POUR MON CH ... EUH... FILS, UNE TRIPLE PORTION DE LASAGNE ET UNE TASSE DE CHOCOLAT CHAUD
Vince's
C'EST UN RESTAURANT TRÈS CHIC, GARFIELD, SERS-TOI DE L'ARGENTERIE
GULP! SLURP! GULP!
JIM DAVIS
CETTE GUIMAUVE VA DANS TON CHOCOLAT CHAUD
7-7
HÉ, HÉ, NE LÈCHE PAS TES PATTES À TABLE, FISTON
C'EST L'ENFANT LE PLUS MAL ÉLEVÉ QUE J'AIE VU DE MA VIE!
ET IL A PERDU SON POIL SUR LA NAPPE

LE ROI CHATÉTAALOTTA FAIT UNE OFFRANDE AU VOLCAN QUI EXIGE LE SACRIFICE DE LA PRINCESSE ANGORA
DEBOUT CONTRE LE MUR, MINABLES VOYOUS, OU JE VOUS BOTTE LE DERRIÈRE AVEC MES PÂQUERETTES
FAITES L'AMOUR, PAS DES FOURRIÈRES
JPM DAVPS
© 1985 United Feature Syndicate, Inc.
7-14
VOILÀ POUR ME FAIRE PARDONNER DE VOUS AVOIR LAISSÉES REPOUSSER SEULES LES GARDE-FRONTIÈRES
ahiii ah-ii ah!
QU'EST-IL ARRIVÉ À MON BEAU PARTERRE?
D'APRÈS LES RAGOTS, TES PÂQUERETTES AURAIENT ÉTÉ VANDALISÉES PAR UNE IMAGINATION TROP FERTILE

HÉ, GARFIELD! IL VA FAIRE UNE JOURNÉE MAGNIFIQUE! ALLONS JOUER DEHORS!
© 1985 United Feature Syndicate, Inc.
OÙ EST MON MAILLOT DE BAIN?
IL Y A DE LA LOTION SOLAIRE QUELQUE PART PAR LÀ
JPM DAVPS 7-21
ET MAINTENANT, UN PIQUE-NIQUE!
SAND-E-WRAPS
JOURNÉE IDÉALE, NOUS VOICI!
ZUT. ON L'A RATÉE

IL FAIT CHAUD, CHAUD. TROP CHAUD DEHORS
TROP CHAUD POUR BOUGER. TROP CHAUD POUR PENSER. SIMPLEMENT TROP CHAUD
© 1985 United Feature Syndicate, Inc.
JIM DAVIS 7-28
RRR
FT
GARFIELD! ODIE!
CESSEZ DE VOUS BATTRE

BOUGE PAS, ARAIGNÉE, QUE JE T'ÉCRASE SOUS CETTE FENÊTRE
SLAM!
TINKLE TINKLE
© 1985 United Feature Syndicate, Inc.
8-4
PLOP!
CRASH!
KA-BOOM!
JIM DAVIS
ZUT! JE L'AI RATÉE

GARFIELD! LA FÊTE FORAINE EST EN VILLE! ALLONS-Y
HOURRA
© 1985 United Feature Syndicate, Inc.
8-11
JIM DAVIS
CARNAVAL
SAIS-TU CE QUE JE PRÉFÈRE DANS LA FÊTE FORAINE?
LA STIMULATION INTELLECTUELLE?
J'AIME L'INUSITÉ
EUH, JON?
LA FEMME OBÈSE! L'HOMME EN LATEX! LE GARÇON DINOSAURE!
JON!
PAYE PAS POUR ÇA
12
BILLETS $1.00

GARFIELD!
EH BIEN, J'ESPÈRE QUE TU TE SENS COMPLÈTEMENT IDIOT. C'EST UN CAMION HOT-DOG, PAS UN HOT-DOG
C'EST VRAI QUE JE ME SENS UN PEU STUPIDE
OÙ VAS-TU MAINTENANT?
8-18
JIM DAVIS
MAINTENANT LE DESSERT

MANGE-MOI
JE NE PEUX PAS TE MANGER. TU ES LA FOUGÈRE PRÉFÉRÉE DE JON
À QUOI SERVENT LES FRONDES ?
© 1985 United Feature Syndicate, Inc.
JE POURRAIS M'ATTIRER DES ENNUIS
ALLONS. PRENDS UNE PETITE BOUCHÉE, TU VAS ADORER
8-25
JIM DAVIS
MUNCH CHOMP MUNCH CHOMP
GARFIELD ! QUE FAIS-TU ?
J'ESSAIE DE RENDRE TOUT LE MONDE HEUREUX
MERCI

Z
JIM DAVIS 9-1
ZUT! J'AI FAIM. JE ME RÉVEILLE TOUJOURS AVEC UN CREUX AU MILIEU DE LA NUIT. BON, VOYONS VOIR
SALUT, QU'EST-CE QUE C'EST? ON DIRAIT UNE BONNE VIEILLE MICHE DE PUMPERNICKEL
YIP!
YIP! DÉSOLÉ, ODIE
OUÉ! DES OLIVES! J'ADORE LES OLIVES! J'ASPIRE D'ABORD LE PIMENT DU CENTRE, PUIS JE GRIGNOTE LA PARTIE VERTE
SHUP
JE SUPPOSE QU'IL Y A UNE EXPLICATION LOGIQUE À CELA
CLICK
JE SUIS SI EMBARRASSÉ
© 1985 United Feature Syndicate, Inc.

REGARDEZ-MOI CES PAUVRES ANIMAUX EN CAGE. ON DIRAIT UNE MISSION POUR ...
LE LIBÉRATEUR!
VOUS ÊTES LIBRES! VOUS ÊTES LIBRES!
JIM DAVIS 9-8
SAUVE-TOI!
© 1985 United Feature Syndicate, Inc
HMMM, ON N'EST PAS TRÈS PORTÉS SUR LA LIBERTÉ DE NOS JOURS
SLAM!
VOUS ÊTES À L'ABRI! VOUS ÊTES À L'ABRI!

JOURNÉE TRIPLE-BON DE RÉDUCTION AU SUPERMARCHÉ. LES CLIENTS, À LA QUEUE, ATTENDENT IMPATIEMMENT L'OUVERTURE DU MAGASIN
VOICI LE FEU VERT!
PENDANT QUE LA FOULE POUSSE DERRIÈRE LES SŒURS BUTZ, THELDA BALDUCCI SE FRAYE UN CHEMIN ET DOUBLE À DROITE
BALDUCCI CRÈVE UN PNEU ET EST EMBOUTIE PAR MÉMÉ CADOTTE
CRASH!
ON A LE PREMIER CHOIX DES SOLDES!!!
JIM DAVIS 9-15
AVEZ-VOUS UN BON DE RÉDUCTION?
JE L'AI OUBLIÉ
ZUT! DISQUALIFIÉS AU DERNIER TOUR
© 1985 United Feature Syndicate, Inc.

ZIP
BAISER
JIM DAVIS 9/22
© 1985 United Feature Syndicate, Inc.

LE SEUL FAIT DE TENIR UN BÂTON VOUS DONNE UNE CERTAINE AUTORITÉ
JIM DAVIS
9·29
PRÉPARE MON REPAS! VA CHEZ LE COIFFEUR! NETTOIE-MOI CE DÉGÂT!
POKE
FAIS DE L'EXERCICE! FAIS TON LIT! PERDS DU POIDS!
PLUS LE BÂTON EST GROS, PLUS GRANDE EST L'AUTORITÉ, HEIN? CE PETIT JEU SE JOUE À DEUX
© 1985 United Feature Syndicate, Inc.
NNGH! TÉLÉPHONE À TA MÈRE. POUF, POUF, REGARDE DES DEUX CÔTÉS AVANT DE ...
SQUASH
J'AURAIS DÛ DÉLÉGUER UN PEU DE CETTE AUTORITÉ

JE VAIS FAIRE UNE PETITE SIESTE, NERMAL. SI TU OSES TOUCHER À MA NOURRITURE, JE T'APLATIS, COMPRIS?
GARFIELD
KNOCK
KNOCK
KNOCK
JIM DAVIS
QUI ES-TU?
TU NE TE SOUVIENS PAS? JE SUIS NERMAL, LE CHATON QUE TU AS VOULU FAIRE MOURIR DE FAIM IL Y A QUELQUES ANNÉES
10/6
WHAP!
WHAP!
JE REVIENS POUR TE RENDRE TES VIEILLES CRUAUTÉS
POOF!
VAS-Y, L'AMI, MANGE, MANGE!
GARFIELD
© 1985 United Feature Syndicate, Inc.
JE DOIS RÊVER
GARFIELD

GARFIELD, TU REGARDES TROP LA TÉLÉ
PROBABLEMENT
TU POURRAIS FAIRE BEAUCOUP MIEUX DE TON TEMPS QUE DE FIXER UN POSTE DE TÉLÉ
C'EST SÛR
DEHORS, IL Y A UN MONDE À EXPLORER
J'IMAGINE BIEN
JIM DAVIS
EUH, TU POURRAIS ÊTRE, EUH... TU POURRAIS, EUH
10-13
QU'EST-CE QU'IL PEUT BIEN FAIRE DÉGUISÉ EN LAMA?
AUCUNE IDÉE
© 1985 United Feature Syndicate, Inc.
QU'EST-CE QU'ON REGARDE?
BINGO INSOLITE

JE SAIS QU'ELLE EST LÀ. JE PEUX SENTIR SA PRÉSENCE
PAS MOYEN D'Y ÉCHAPPER
UNE FOIS QU'ELLE T'A ATTRAPÉ, TU ES FICHU!
SAUVE-TOI, GARFIELD!
JIM DAVIS 10-20
LA REVOICI!
© 1985 United Feature Syndicate, Inc
TU DEVRAS TE BATTRE POUR M'AVOIR
ARRRGH!
VICTIME D'UNE ATTAQUE DE SIESTE
Z

BIEN, BIEN, BIEN. ODIE EST DEVANT LE FAUTEUIL INCLINABLE. AMUSONS-NOUS UN PEU, D'ACCORD?
© 1985 United Feature Syndicate, Inc.
REGARDEZ
WHUMP!
WHAP!
10-27
JIM DAVIS
JE DÉTESTE ME VANTER, MAIS IL FALLAIT UN ESPRIT VIF POUR IMAGINER CETTE BONNE BLAGUE
SMACK!

VOUS AVEZ PROBABLEMENT REMARQUÉ QUE NOUS SOMMES PLUS LÉGERS DE UN OU DEUX KILOS LE MATIN AU RÉVEIL QU'AU MOMENT D'ALLER AU LIT
ALORS, OÙ VONT CES KILOS ?
JE VOUS ANNONCE QUE NOTRE ATMOSPHÈRE EST SATURÉE DU GRAS DES DORMEURS !
ET PUIS IL Y A LES DONNEURS, ET IL Y A LES RECEVEURS. NOUS, LES GROS, PRENONS DU POIDS À LA MOINDRE INSPIRATION
MAIS NOUS NE CESSERONS CERTAINEMENT PAS DE RESPIRER
ALORS VOUS LES MAIGRES, POURQUOI NE PAS NOUS FAIRE LA FAVEUR DE... CESSER DE DORMIR ?
SAVON
© 1985 United Feature Syndicate, Inc.
JIM DAVIS
11-3

PETIT DÉJEUNER, GARFIELD!
BON SANG! JE SUIS SI FATIGUÉ, MES MEMBRES SONT COMME DU PLOMB. ÇA VA ÊTRE DIFFICILE DE ME LEVER CE MATIN
ALLONS, GARFIELD! TU VAS Y ARRIVER! UNNGH! TU VAS Y ARRIVER, FISTON!
J'AI RÉUSSI! JE SUIS DEBOUT!
ZUT! C'ÉTAIT SEULEMENT UN RÊVE
PETIT DÉJEUNER, GARFIELD!
VAUDRAIT MIEUX QUE ÇA VAILLE LA PEINE DE M'ÊTRE LEVÉ DEUX FOIS
© 1985 United Feature Syndicate, Inc.
JIM DAVIS
11-10

JE ME DEMANDE SI LES POISSONS ONT DES PAPILLES GUSTATIVES
JE DÉTESTE QUAND JON PÊCHE. IL N'ARRÊTE PAS DE BABILLER
11-17
OÙ VONT LES PETITES VAGUES À LA SURFACE?
© 1985 United Feature Syndicate Inc.
SI LES GENS ÉTAIENT COUVERTS DE POILS, AURAIENT-ILS BESOIN DE VÊTEMENTS?
POURQUOI LES AMPOULES GRILLENT-ELLES?
JIM DAVIS
JE T'ENNUIE, GARFIELD?

ALORS, GARFIELD, DE QUOI AI-JE L'AIR?
TU N'AIMES PAS ÇA, HEIN?
© 1985 United Feature Syndicate, Inc.
PEUT-ÊTRE SI JE CHANGEAIS DE CRAVATE ET DE PANTALONS ET ...
ET MAINTENANT, QU'EN PENSES-TU?
PARFAIT! À PLUS TARD
JIM DAVIS
11-24
LES GENS QUI NE PENSENT PAS PAR EUX-MÊMES MÉRITENT DE RESSEMBLER À DES CLOWNS

MESDAAAMES ET MESSIEURS! L'INCROYABLE ODIE VA MAINTENANT PLONGER DANS CE VERRE D'EAU!
BIEN SÛR, IL A BESOIN D'UN PETIT COUP DE POUCE
VAS-Y, ODIE! JE FERAI DE TOI UNE VEDETTE!
OUAAH! VAS-Y! VA-Y!
SPLUT! SPLOOT!
JIM DAVIS 12-1
© 1985 United Feature Syndicate,Inc.
QUAND ON A DES ANIMAUX, ON NE S'ENNUIE PAS UNE SECONDE
GRRRR!

C'ÉTAIT TOUT UN LUNCH. JE SUIS GAVÉ!
REGARDE-MOI CE GROS VENTRE
OH, OUAIS? REGARDE-MOI ÇA!
© 1985 United Feature Syndicate, Inc.
JE SUIS PLUS GROS QUE TOI
REGARDE UN PEU!
VOUS ÊTES DÉGUEULASSES
PAS ÉTONNANT QUE L'ON SOIT ENCORE CÉLIBATAIRES, N'EST-CE PAS, GARFIELD?
BURP
BURP
BURP
IGNORE-LES, MÉLISSA, LES HOMMES NE SONT PAS BEAUX À VOIR
JIM DAVIS 12-8

SPLAT!
TOING
ET MAINTENANT, QUELQUES CAROTTES POUR LA COULEUR
© 1985 United Feature Syndicate, Inc.
INTÉRESSANT
TOING
JIM DAVIS
DIS, ÇA FAIT COMBIEN DE TEMPS QUE TU FAIS COLLER DE LA NOURRITURE AU PLAFOND?
12·15
PLOP
OH, UN BON BOUT DE TEMPS DÉJÀ

POU
POU
12-22
JIM DAVIS
POU
J'AI RECRACHÉ LE TROU
© 1985 United Feature Syndicate, Inc.

VOULEZ-VOUS ALLER DEHORS, LES GARS?
EH BIEN, VOULEZ-VOUS, HEIN?
HEIN? HEIN? VOULEZ-VOUS? HEIN? HEIN?
JIM DAVIS
12-29
OUVRE CETTE FOUTUE PORTE
LA MANIÈRE DIRECTE EST LA MEILLEURE

B'JOUR, GARFIELD
SALUT, JOLIE PLANTE, VEUX-TU UN PEU D'EAU? HA! HA! JE CROIS QUE OUI!
1-5-86
JON PARLE À SA FOUGÈRE PLUS QU'À MOI
IIIIK!
JIM DAVIS
© 1985 United Feature Syndicate, Inc.
GARFIELD, SAURAIS-TU PAR HASARD CE QUI EST ARRIVÉ À MA PLANTE?
BURP. SI T'AS QUELQUE CHOSE À DIRE À TA PRÉCIEUSE FOUGÈRE, ADRESSE-TOI À MON NOMBRIL

VA-T'EN! C'EST MA VASQUE À MOI!
JE DÉTESTE VOIR LES OISEAUX S'AMUSER
HÉ! CETTE EAU EST GLACÉE!
© 1986 United Feature Syndicate, Inc.
UNNNGH!
JIM DAVIS 1-12

OOOOH! UN COIN CHAUD
OOOOH! UN COIN CHAUD
© 1986 United Feature Syndicate, Inc.
ROARR!
PREMIÈRE RÈGLE QUAND ON A UN CHAT: REGARDER AVANT DE S'ASSEOIR
JIM DAVIS
1-19

REGARDEZ-MOI CE BON VIEUX JON, S'USANT LES DOIGTS AU SANG DANS SON PARTERRE DE FLEURS
JE FERAIS MIEUX DE SORTIR POUR DONNER À CES FLEURS LA TOUCHE GARFIELD
© 1986 United Feature Syndicate, Inc.
J'EN ÉCRASERAI D'ABORD QUELQUES-UNES. PUIS J'EN MÂCHERAI QUELQUES AUTRES. ET JE TIRERAI LES DERNIÈRES PAR LES RACINES
À MORT, PÂQUERETTES!
JIM DAVIS 1-26
BOING!
BOING!
BOING!
AS-TU AIMÉ MON JARDIN DE FLEURS EN PLASTIQUE?
TRICHEUR!

BON SANG, QU'EST-CE QUE C'EST?
OH NON! J'AI LAISSÉ LA TÉLÉ ALLUMÉE!
À LA CHAÎNE CINÉMA DE NUIT!
JIM DAVIS
CLICK!
CLUNK!
JE ME SENS TELLEMENT INDIGNE EN TANT QUE PARENT
Z
2-2
© 1986 United Feature Syndicate, Inc.

DEUX CINTRES ET UN PLACARD VIDE
LÀ-DEDANS, LES ENFANTS
© 1986 United Feature Syndicate, Inc.
C'EST VRAI
JIM DAVIS 2-9

LA PLUS GROSSE PELOTE DU MONDE, HEIN?
JE ME DEMANDE À QUOI SERT CE BLOC?
OH! OH!
© 1986 United Feature Syndicate, Inc.
2-16
JIM DAVIS
T'INQUIÈTE PAS, GARFIELD! JE TE PROTÉGERAI DE CETTE FÉROCE PELOTE DE LAINE!
JE LE HAIS

JE ME DEMANDE DE QUOI GARFIELD AURAIT L'AIR AVEC MES LUNETTES COMIQUES?
Z
ET LA CRAVATE, LES SHORTS, LES TENNIS?
Z
BONJOUR, GARFIELD
SNIFF ... B'JOUR
2-23
HII HII
QU'EST-CE QUI EST SI DRÔLE, CERVEAU DE PUCERON?
© 1986 United Feature Syndicate, Inc.
DES FOIS J'AIMERAIS ÊTRE RÉVEILLÉ QUAND JE DORS
JIM DAVIS

GARFIELD, J'AI UN GROS TRAVAIL POUR NOUS AUJOURD'HUI
J'AI PEUR DE DEVINER CE QUE TU VEUX FAIRE
JE VAIS LE JETER DEHORS
MAIS, IL ME SEMBLE QU'ON VIENT JUSTE DE L'INSTALLER!
© 1986 United Feature Syndicate, Inc.
IL Y A UN TEMPS POUR SE DÉBARRASSER DE TOUTE CHOSE
SI TÔT?
ALLONS-Y
N'AS-TU PAS DE CŒUR?
NE FAIS PAS ÇA! NE FAIS PAS ÇA!
JIM DAVIS 3-2
IL COMMENCE À AVOIR L'AIR UN PEU SEC
JE SUPPOSE QUE T'AS RAISON

JE FERAIS MIEUX DE VOIR CE QU'IL MIJOTE
© 1986 United Feature Syndicate, Inc.
JIM DAVIS 3-9
ARRRGH!
GLOOSH!
QU'EST-IL ARRIVÉ?
GRÂCE À TOI, MA COLLECTION D'EAU EST TOMBÉE À L'EAU!

© 1986 United Feature Syndicate, Inc.
JE SUIS LÀ!
SLAM!
CRASH!
CRASH!
CRASH!
YIP!
GARFIELD!
POURQUOI SUIS-JE TOUJOURS BLÂMÉ POUR TOUT?
JIM DAVIS 3-16

SLURP!
UGGH! CE CAFÉ EST TROP FAIBLE!
MAIS, MAIS?
SLOSH
JIM DAVIS 3·23
ODIE
ODIE
ODIE
SLURP!
IL EST BEAUCOUP MIEUX
© 1986 United Feature Syndicate, Inc.

HÉ, JON. IL Y A UNE TACHE SUR TA CHEMISE
OÙ ÇA?
HA! HA!
TOING!
© 1986 United Feature Syndicate, Inc.
HÉ, ODIE, TON LACET EST DÉTACHÉ!
HA! HA!
TOIOIOIONG!
HÉ, GARFIELD! IL Y A UNE ÉNORME ARAIGNÉE VELUE SUR TON VENTRE!
BEL EFFORT, JON
IL FAUT SE LEVER DE BONNE HEURE POUR PRENDRE GARFIELD À CE PIÈGE-LÀ
3-30
JIM DAVIS

JE CONSTATE QUE TU ES TOUJOURS GROS
JE CONSTATE QUE TU AS TOUJOURS CET ESPACE ENTRE LES DENTS
AU MOINS, JE PEUX FERMER MA BOUCHE
JE PEUX ME METTRE AU RÉGIME
© 1986 United Feature Syndicate, Inc.
PAS DE DANGER QUE TU FASSES UN RÉGIME
PAS DE DANGER QUE TU LA FERMES
JIM DAVIS
HÉ, POURQUOI SE CHAMAILLE-T-ON COMME DES ENFANTS? JE SUIS DÉSOLÉE
MOI AUSSI
AU REVOIR, ARLÈNE
AU REVOIR, GARFIELD
4-6
GUEULE DE CASTOR
GROS LARD

SUPER! C'EST CE QUE J'APPELLE UNE FENÊTRE SUR LE MONDE!
NON, ODIE! JE L'AI VUE LE PREMIER!
ELLE EST À MOI! TOUTE À MOI!
© 1986 United Feature Syndicate, Inc.
J'Y PENSE, ODIE. ON DIT QUE «L'UNION FAIT LA FORCE» ... ON S'UNIT, PUIS ON PARTAGE!
4-13
LES VIEUX DICTONS SONT SOUVENT LES MEILLEURS
JIM DAVIS
GENRE «POUR L'ESPOIR, Y A TOUJOURS UNE BONNE POIRE»

SCRATCH SCRATCH SCRATCH
JAPPE! JAPPE!
POURQUOI NE SORTEZ-VOUS PAS, LES GARS, POUR CHANGER
QU'EST-CE...?!
JIM DAVIS 4-20
© 1986 United Feature Syndicate, Inc.
CRASH
IL EST TEMPS QUE JE SONGE SÉRIEUSEMENT À INSTALLER UNE CHATIÈRE

JON FAIT MIEUX DE SE LEVER TÔT CE MATIN
S'IL FAIT LA GRÂCE MATINÉE, IL VA LE REGRETTER
EN FAIT, J'ESPÈRE QU'IL LA FERA UN PEU, ON VA S'AMUSER FERME
© 1986 United Feature Syndicate, Inc.
CLIGNE CLIGNE CLIGNE
JE SUIS RÉVEILLÉ! JE SUIS RÉVEILLÉ!
RABAT-JOIE!
JIM DAVIS 4-27

DEBOUT, GARFIELD. JE VEUX QUE TU VOIES UN LEVER DE SOLEIL
UN LEVER DE SOLEIL? MOI? C'EST PAS NATUREL
IL EST TEMPS QUE TU VOIES UN LEVER DE SOLEIL
ALORS PRENDS-LE EN PHOTO!
OÙ EST TON SENS DE L'AVENTURE?
AVANT LE PETIT DÉJEUNER, PAS INTÉRESSÉ
C'EST UNE EXPÉRIENCE ÉMOTIVE QUE TU N'OUBLIERAS JAMAIS!
JE SAIS. J'EN AI VU UN DANS UN FILM
JIM DAVIS
5-4
SI TU SORS SANS RECHIGNER CE MATIN, PLUS JAMAIS JE N'EXIGERAI ÇA DE TOI, PROMIS
D'ACCORD
© 1986 United Feature Syndicate, Inc.
ZUT
JE SUIS PÂMÉ. RENTRONS

OH, NON!
ODIE, DIEU MERCI TU ES LÀ! LANCE-MOI UNE CORDE!
© 1986 United Feature Syndicate, Inc.
PARFAIT!
MAINTENANT, TIRE!
JE VOIS QUE TU JOUES ENCORE DANS TA NOURRITURE
QUEL JEU! PLACE UN ÉCRITEAU «DANGER» PRÈS DE CE GRUAU!
5-11
JIM DAVIS

LES GARS, C'EST VRAIMENT GENTIL DE RESTER AVEC MOI POUR DES ÉCHANGES DE QUALITÉ
TU TE RAPPELLES LA FOIS OÙ TU ES RESTÉ PRIS DANS LE STORE HORIZONTAL, GARFIELD?
© 1986 United Feature Syndicate, Inc.
ET QUE J'AI ÉTÉ PRIS À MON TOUR EN ESSAYANT DE TE LIBÉRER?
ET QU'ENSUITE, ODIE EST RESTÉ COINCÉ DEDANS EN TENTANT DE NOUS DÉLIVRER?
IL ME SEMBLE QUE C'ÉTAIT HIER
5-18
C'ÉTAIT HIER, IDIOT!
OUAH
NON ODIE, TU NE PEUX PAS SORTIR!
JIM DAVIS

LA VIE EST COMME DE LA PURÉE DE POMMES DE TERRE... ELLE A DES GRUMEAUX
SPLAT!
LA VIE EST COMME UN SODA AUX CERISES... QUAND TU TROUVES LES CERISES, LE PÉTILLANT EST PARTI
LA VIE EST COMME UNE DINDE... PEU IMPORTE DANS QUEL SENS TU LA TRANCHES, C'EST TOUJOURS DE LA DINDE
BONK!
SPLASH!
LA VIE EST COMME UN FROMAGE FIN ... MEILLEUR AVEC L'ÂGE
SNIFF
JIM DAVIS
LA VIE EST COMME UN LAPIN ... S'IL NE SAUTE PAS SANS CESSE, IL NE VA NULLE PART
5-25
© 1986 United Feature Syndicate, Inc.
TU CHERCHES LA SIGNIFICATION ULTIME DE LA VIE, GARFIELD?
ELLE EST QUELQUE PART SUR CETTE TABLE

VOICI VENIR UNE DAME. MADAME, QUEL EST LE PLUS INTELLIGENT, LE CHAT OU LE CHIEN?
LE CHAT, BIEN SÛR
SMACK!
ET D'APRÈS VOUS, MONSIEUR?
JE CROIS QUE C'EST LE CHIEN
POKE
ET TOI, PETIT GARÇON?
LE COCHON EST PLUS INTELLIGENT
LE COCHON PLUS INTELLIGENT QUE NOUS? DIFFICILE À ACCEPTER
© 1986 United Feature Syndicate, Inc.
VIENS, ODIE. ALLONS EN DISCUTER DEVANT UN SANDWICH AU JAMBON
JIM DAVIS 6-1

TIENS BIEN LE PLONGEOIR, ODIE
O.K., ON VA ESSAYER!
DÉGAGE, CLÉBARD! JE VEUX ÊTRE LE PREMIER À ESSAYER CETTE PISCINE
© 1986 United Feature Syndicate, Inc.
PEUT-ÊTRE DEVRIONS-NOUS RELIRE LES INSTRUCTIONS D'ASSEMBLAGE
GRATTE
GRATTE
JIM DAVIS 6-8

VIENS MANGER, GARFIELD!
LE DÎNER EST SERVI!
© 1986 United Feature Syndicate, Inc.
VOUS VOULEZ PRÉPARER UN REPAS QUE VOTRE CHAT VA APPRÉCIER? DONNEZ-LUI LA PÂTÉE DE SOUS-PRODUITS DE VRAIE VIANDE AVEC HERBES FRAÎCHES. CALMEZ ENSUITE SA SOIF AVEC UN GRAND BOL DE LAIT FROID
GARFIELD
JIM DAVIS
HEUREUX?
LES CHATS APPRÉCIENT LES BEAUX EMBALLAGES
6-15

ZUT, J'AI FAIM DE QUELQUE CHOSE, MAIS JE NE SAIS PAS CE QUE C'EST
JE NE VEUX PAS DE LASAGNE. PAS DE LAIT. PAS DE HAMBURGERS
© 1986 United Feature Syndicate,Inc.
LA FAIM DÉNOTE NORMALEMENT UNE CARENCE DANS LE SYSTÈME
J'AI TROUVÉ!
6-22
LA TENEUR EN FACTEUR DANS MON SANG ÉTAIT AU PLUS BAS
JIM DAVIS

CETTE DÉCORATION DE JARDIN SERA PARFAITE POUR M'MAN
DEPUIS QUAND DÉTESTES-TU TA MÈRE?
JE CROIS QUE JE VAIS FAIRE UNE PETITE SIESTE PENDANT QUE JON MAGASINE
HÉ, CITOYEN! REGARDE-MOI CE CHAT DE PLÂTRE!
Z
BÂILLE! QUELLE BONNE SIESTE
POURQUOI LA MALCHANCE ME POURSUIT-ELLE?
WAOUF!
6-29
OH, DE QUOI TE PLAINS-TU?
© 1986 United Feature Syndicate, Inc.
JIM DAVIS

VOICI DE LA MONNAIE, GARFIELD. VA NOUS CHERCHER UN COLA
© 1986 United Feature Syndicate, Inc.
CHUKONG!
JE ME DEMANDE CE QUI SE PRODUIRAIT SI JE METTAIS TOUTE LA MONNAIE D'UN COUP
CLINK
CLINK
JIM DAVIS
7-6
CAJUNG!

JE PRÉPARE UNE LASAGNE, GARFIELD, TU ME DONNES UN COUP DE MAIN?
LAISSE-MOI Y PENSER UNE MIN... SÛR!
TOMATO
D'ABORD, JE FAIS REVENIR LA VIANDE AVEC LA SAUCE TOMATE ET LES ASSAISONNEMENTS
MIEUX VAUT VÉRIFIER SI C'EST FRAIS
TOMATO
ENSUITE, JE RÂPE LA MOZZARELLA ET LE PARMESAN ET J'AJOUTE LA RICOTTA
MIEUX VAUT VÉRIFIER SI CE N'EST PAS FRAIS
ENSUITE, J'ÉTENDS LES NOUILLES DANS LA CASSEROLE
UNE POUR MOI, UNE POUR LA LASAGNE, UNE POUR MOI ...
ET MAINTENANT, JE FAIS CUIRE UNE HEURE À 190°
JIM DAVIS 7-13
© 1986 United Feature Syndicate, Inc.
LE TEMPS PASSE
MINCE, CETTE RECETTE NE DONNE PAS BEAUCOUP DE LASAGNE
JE CROIS QU'ELLE NE TENAIT PAS COMPTE DE LA DÉGUSTATION

JE M'ENNUIE. IL DOIT BIEN Y AVOIR QUELQUE CHOSE À FAIRE
LES ANIMAUX ONT TOUJOURS L'AIR DE S'AMUSER AVEC UN RIEN. SI J'ESSAYAIS DE FAIRE COMME EUX?
© 1986 United Feature Syndicate, Inc.
ALORS ON JOUE À LA PELOTE?
JIM DAVIS 7-20
JE L'AI! JE L'AI!
APPELLE L'HÔPITAL PSYCHIATRIQUE, BERTHA. ARBUCKLE VIENT DE TOUCHER LE FOND
ROAR
YIP! YIP!
JAPPE! JAPPE!